AF563077

Capitaine F. PINGET
DU 73e D'INFANTERIE

LES ITALIENS
DEVANT BELFORT

Comment les Fortifications
du Saint-Gothard pourront être tournées
par une Armée italienne

PARIS
11, Place Saint-André-des-Arts.

LIMOGES
46, Nouvelle Route d'Aixe, 46.

Henri CHARLES-LAVAUZELLE
Éditeur militaire.

1892

Librairie militaire Henri Charles-Lavauzelle

Paris, 11, place Saint-André-des-Arts.

Etudes pratiques de guerre, par le général LAMIRAUX. Ouvrage accompagné d'un atlas de 16 planches de 22 croquis. — Volume in-8° de 264 pages, broché, texte et atlas..... 6 »

Ecole supérieure de guerre. — Solutions de 12 sujets tactiques donnés aux examens d'entrée depuis 1880, par P. P., officier d'infanterie, ancien élève à l'Ecole supérieure de guerre. Ouvrage accompagné d'un atlas contenant 16 croquis des opérations (2e édition revue et corrigée). — Volume in-8° de 72 pages, broché, texte et croquis..... 3 50

Les combats futurs, par M. RADOUX, commandant breveté. — Volume grand in-8° broché, de 204 pages, édition de luxe..... 5 »

Trois conférences sur la tactique, par le colonel ROBERT, chef d'état-major du 17e corps d'armée. Ouvrage accompagné de 5 planches hors texte renfermées dans un porte-cartes. — Volume in-8° de 108 pag. 3 »

Tactique de combat des grandes unités, par le colonel ROBERT, chef d'état-major du 17e corps d'armée :

1re *partie*. **Principes de tactique.** Ouvrage accompagné de six planches hors texte en chromolithographie.
Volume in-8° de 160 pages..... (*épuisé*)

2e *partie*. **Tactique appliquée.** Ouvrage accompagné de six planches hors texte en chromolithographie.
Volume in-8° de 216 pages..... 4 »

Traité de tactique expérimentale, par le général BERNARD.
Tome I, de 541 avant J.-C. à 1796. — Fort volume grand in-8°.... 7 50
Tome II, de 1797 à 1805. — Fort volume grand in-8°..... 7 50
Tome III, de 1806 à 1812. — Fort volume grand in-8°..... (*épuisé*)
Tome IV, de 1813 à 1814. — Fort volume grand in-8°..... 7 50
Tome V, de 1815 à 1854. — Fort volume grand in-8°..... (*épuisé*)
Tome VI, de 1855 à 1859. — Fort volume grand in-8°..... (*épuisé*)

Théories du général Dragomiroff. — Brochure in-8° de 60 pages... 2 »

Recherche des améliorations à introduire dans les procédés et les formations de marche des grandes unités. — Brochure in-8° de 40 pages..... 1 »

Des éclaireurs de montagne, par H. DUNOD, lieutenant de chasseurs alpins. — Brochure in-8° de 64 pages..... 1 50

Etudes sur la grande guerre. — Brochure in-8° de 108 pages..... 2 »

Revision des règlements de manœuvres. — La tactique des trois armes. — Brochure in-8° de 48 pages..... 1 »

Etude sur la nouvelle tactique. — Manœuvres du 1er corps d'armée et observations, par T***. — Brochure in-8° de 65 pages..... 1 25
Carte de Cambrai, au 1/80,000, pour l'intelligence du texte..... » 60

Quelques idées sur la poudre sans fumée et la tactique, par le commandant DUBAIL, chef d'état-major du gouverneur militaire d'Epinal. — Brochure in-8° de 56 pages..... 1 25

De l'initiative à la guerre. — Brochure in-8° de 32 pages..... » 75

Le moral dans le combat, par E. CORALYS. — Brochure in-8°..... » 50

Guide pratique pour la guerre en Afrique, à l'usage des officiers et des sous-officiers, par le lieutenant-colonel A. DUMONT, ex-officier des affaires indigènes (8e édition). — Brochure in-18 de 96 pages..... 1 25

Etude sur la tactique de l'infanterie, par V. VEYNANTE, capitaine breveté au 10e bataillon de chasseurs à pied. Croquis dans le texte et hors texte. — Brochure in-8° de 84 pages..... 2 »

Historique de la tactique de l'infanterie française, par le même. — Brochure in-8° de 120 pages avec 10 croquis dans le texte..... 2 50

La tactique de la compagnie et du bataillon à l'étranger et en France, d'après les règlements de manœuvres. — Br. in-8° de 118 pages... 2 »

La tactique de l'infanterie française en 1887. — Brochure in-8° de 32 pages..... » 60

LES ITALIENS DEVANT BELFORT

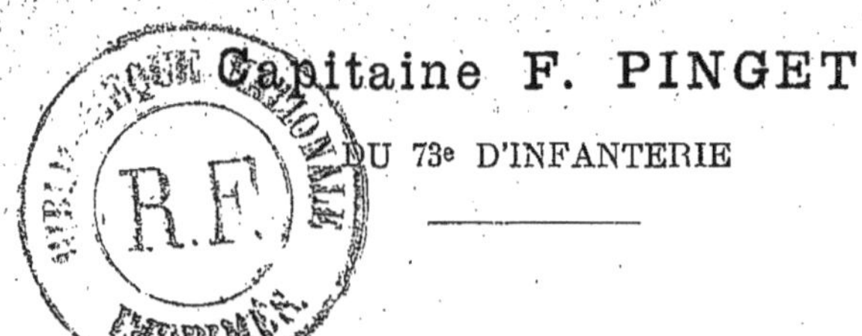

Capitaine F. PINGET

DU 73e D'INFANTERIE

LES ITALIENS

DEVANT BELFORT

Comment les Fortifications
du Saint-Gothard pourront être tournées
par une Armée italienne

PARIS	LIMOGES
11, *Place St-André-des-Arts.*	*Nouvelle route d'Aixe*, 46.

IMPRIMERIE ET LIBRAIRIE MILITAIRES

HENRI CHARLES-LAVAUZELLE

Éditeur militaire.

1892

SOMMAIRE

LES ITALIENS DEVANT BELFORT

I

L'opinion en Suisse.

Les Suisses se considèrent, et non sans raison, comme le peuple le plus heureux de la terre. Au point de vue politique, ils jouissent d'une liberté presque illimitée et, en droit et en fait, d'une égalité presque absolue. La simplicité de leur organisation administrative et militaire fait que leurs impôts sont peu élevés. Ils marchent, en tant que culture intellectuelle et éducation physique, à la tête des peuples européens. Ils sont très patriotes et ont un esprit militaire beaucoup plus développé que ne pourrait le laisser supposer leur organisation militaire, je ne dirai pas rudimentaire, mais spéciale. Ils n'ont cependant aucune ambition et ne désirent ni s'agrandir, ni dominer au détriment de leurs voisins. Ils souhaitent simplement pouvoir, en paix, perfectionner encore, si possible, leurs institutions et augmenter le bien-être général.

Ils ne demandent donc qu'une chose : c'est qu'on les laisse tranquilles et qu'on ne les mette pas dans l'obligation de se mêler aux querelles de leurs puissants voisins et de prendre parti pour tel ou tel de ces derniers. Dans leur égoïsme de peuple satisfait, ils en sont arrivés à rêver d'une paix perpétuelle. Ils n'ont pas précisément de sympathie pour telle ou telle nation, mais ils témoignent leur mécontentement, d'une façon plus ou moins discrète, à celle qui leur paraît avoir l'intention de provoquer des conflits. Ils sont contents et n'approuvent pas les revendications des peuples qui ont des raisons pour ne pas l'être.

En ce moment, c'est nous, Français, qu'ils considèrent comme des trouble-fête. Voici leur raisonnement : « Si, après 1870, les Français avaient accepté les faits accomplis, s'ils avaient définitivement renoncé à la possession de l'Alsace-Lorraine et si, actuellement encore, ils ne parlaient pas sans cesse de revanche et ne recherchaient pas, pour arriver à leurs fins, l'alliance d'un peuple à demi-barbare, l'Europe serait tranquille, et nous, Suisses, nous ne vivrions pas dans des transes perpétuelles et nous n'aurions pas été obligés de dépenser des sommes relativement considérables pour renouveler notre armement, fortifier nos frontières et réorganiser notre armée, suivant un système beaucoup plus assujetissant pour tous les citoyens. »

Il n'y a qu'à lire, pendant quelque temps, les journaux suisses pour se rendre compte de ce sentiment de mauvaise humeur à notre égard. Un rédacteur du *Nebel-Spalter*, journal illustré publié à Zurich, exprimait, au mois de décembre dernier, d'une façon assez amusante, l'opinion de ses compatriotes au sujet de la France. Un dessin du journal représentait une séance du congrès de la paix, congrès qui, à l'époque, siégeait à Rome. Les puissances européennes étaient représentées sous la forme d'animaux divers attachés sur l'un des côtés de la salle des séances. Un coq, personnifiant la France, était placé sur une table, au milieu des membres du congrès, qui le tenaient, l'un par une patte, l'autre par une aile, un troisième par le cou, un quatrième cherchant à lui ouvrir le bec. Au-dessous, comme légende, on lisait : « Si nous parvenions à couper la langue de celui-ci, notre tâche serait fort aisée. »

D'ailleurs, les journaux les plus lus, tels que les *Basler Nachrichten*, la *Neue Zürcher Zeitung* et le *Journal de Genève*, publient, presque chaque jour, des articles plus ou moins agressifs contre notre politique extérieure. Le *Journal de Genève,* surtout, nous est franchement hostile, même au sujet de questions n'intéressant pas directement la Suisse, comme celles d'Egypte, de Bulgarie et du Maroc.

II

Par qui la neutralité Suisse est menacée.

L'inquiétude causée aux Suisses par notre politique extérieure ne les a cependant pas encore poussés dans les rangs de nos ennemis, quoique le conseil leur en ait été donné par un de leurs officiers les plus distingués (1). Ce serait jouer gros jeu, et les Suisses, quoique braves, sont gens calmes et prudents. « *Notre ami, notre allié sera l'ennemi de celui ou de ceux qui chercheront à violer notre neutralité.* » Telle était et telle est encore leur devise politique.

Quels sont ceux qui ont intérêt à violer cette neutralité ? D'après eux, la France ne peut pas y songer, parce que, en cas de guerre contre les puissances de la triple alliance, l'offensive lui sera interdite ; elle aura bien assez à faire pour défendre son propre territoire.

L'Italie, malgré ses fanfaronnades, n'a pas grande confiance dans ses propres forces. Elle n'espère pas obtenir de grands succès sur sa frontière nord-ouest ; elle ne peut que prétendre immobiliser un ou deux corps d'armée français. Cette coopération passive plutôt qu'active ne lui permettrait pas, à la fin de la guerre, et dans le cas où les Allemands auraient remporté de grandes victoires sur la Moselle et sur la Meuse, d'émettre de grandes prétentions quant au partage des dépouilles du vaincu. Pour ce motif, l'idée d'avoir un ou deux corps d'armée participant aux opérations des Allemands dans le nord-est de la France sourit assez aux Italiens. De cette façon, ils pourraient s'attribuer

(1) Colonel Rothpletz.

une part des résultats obtenus sur cette partie du théâtre de la guerre, ce qui flatterait le sentiment national et ne leur nuirait pas au moment de la conclusion du traité de paix.

Pour les Italiens, le plus court chemin pour rallier la gauche des forces allemandes du côté de Belfort, c'est la ligne du Gothard. C'est donc au sud, du côté de l'Italie, qu'est le danger pour la Suisse ; c'est aussi de ce côté qu'elle vient d'exécuter d'importants travaux de fortification.

Malgré leur infériorité numérique, si les Suisses n'avaient affaire qu'aux Italiens, ils ne perdraient pas leur assurance et ne désespéreraient de rien, car ils ne tiennent pas en très haute estime les qualités militaires de leurs voisins du sud. Ils n'ont pas oublié que six cents de leurs ancêtres culbutèrent quinze mille Italiens, le 23 décembre 1478, à Giornico. Mais, à côté de l'Italie, il y a l'empire d'Allemagne, dont une partie des forces pourraient les prendre à revers, lorsqu'ils feront face aux Italiens sur le Gothard.

Le fait de défendre la neutralité de leur territoire contre les Italiens les force à s'allier aux Français et à prendre parti contre l'Allemagne. Cette éventualité n'est pas sans leur causer de graves inquiétudes.

C'est sous l'empire de ces inquiétudes et de la crainte de voir, dans la prochaine guerre, l'existence de sa patrie en jeu, qu'un officier suisse a été amené à publier l'article ci-après, paru dans les *Basler Nachrichten*, article qui a produit une certaine sensation en Suisse et en Italie.

III

Comment les fortifications du Saint-Gothard peuvent être tournées par une armée italienne.

Le massif du Saint-Gothard, avec les fortifications et retranchements qu'on vient d'y construire et la vallée d'Urseren comme place d'armes, peut être considéré actuellement comme un formidable camp retranché organisé par la Suisse dans ces hautes régions.

Sur le front sud, — le plus important, — le fort *del Bosco*, près d'Airolo, et le fort de *Motto-Bartolo* sont achevés et armés. Sont aussi achevés les retranchements pour la défense particulière du col, ainsi que les fortifications du front nord : réduit sur le Buhl, ouvrage du Bætzberg, blockhaus situé au-dessus de Brückwaldboden et routes y aboutissant. Les galeries flanquantes entre le trou d'Uri et Altkirch sont terminées et armées ou tout près de l'être ; il en est de même des fourneaux de mine destinés à rendre impraticables, à certains endroits, le tunnel et la voie ferrée. Le plan d'ensemble de ces différents ouvrages, avec le terrain qu'ils commandent et les plans particuliers pour chacun d'eux, avec distances repérées pour le tir de l'artillerie, ont été faits.

Les ouvrages du front est — fort de l'Oberalp et batteries détachées — et les ouvrages du front ouest — fort blindé du col de la Furca — seront, selon toute apparence, terminés à la fin de l'année. Il en sera de même pour les baraquements de la vallée d'Urseren, établis à Andermatt, Réalp et Hospenthal.

Outre ces fortifications du Saint-Gothard, établies au centre et au point le plus important du puissant retranchement naturel formé par les Alpes bernoises, d'Uri et de Glaris, le département militaire fédéral a résolu de faire compléter les fortifications de St-Maurice (1), qui les flanqueront à l'ouest, comme celles de Luziensteig les flanquent à l'est, les premières barrant la vallée du haut Rhône, les secondes barrant la vallée du Rhin supérieur.

De plus, en avant de ce front formidable, il y a, près de Bellinzona, trois forts d'arrêt commandant les trois lignes ferrées s'embranchant au point où la vallée du Tessin s'infléchit vers l'ouest.

Cette barrière de hautes montagnes, renforcée aux points praticables par des ouvrages blindés ou creusés dans le granit et défendue par l'armée suisse, peut être considérée comme infranchissable, à moins d'y employer des forces considérables, qui, encore, ne la franchiraient qu'au prix des plus grands sacrifices.

Une attaque de la France, par la vallée du haut Rhône, est peu probable ; cette puissance, ayant à lutter contre deux adversaires, sera probablement obligée de rester sur la défensive.

Une attaque au sud, de la part de l'Italie, est moins invraisemblable. L'Italie, étant donnés son développement actuel et ses alliances, peut, en effet, être tentée de s'emparer du Saint-Gothard, pour être maîtresse de la voie ferrée qui traverse cette montagne, voie qui lui permettrait ensuite d'envoyer dans la région des Vosges une partie de ses forces militaires pour coopérer aux opérations de ses alliés les Allemands.

Mais l'Italie ne doit pas ignorer que, soit qu'elle cherche à s'emparer du Saint-Gothard, soit qu'elle essaie de faire passer ses troupes par la vallée du Rhône, à Saint-Maurice,

---

(1) Les fonds nécessaires, pour compléter les fortifications de Saint-Maurice, viennent d'être votés par le parlement suisse, après une discussion très vive mais fort intéressante au point de vue militaire.

ou par la vallée du Rhin supérieur, à Luziensteig, elle aura toujours à se frayer, de vive force, un passage à travers un pays très difficile, défendu par 200,000 Suisses, qui, par le fait de la violation de leur territoire, de neutres deviendront des adversaires irréconciliables.

Il y a donc intérêt pour les Italiens, avant de se lancer dans une entreprise aussi hasardeuse, aussi dangereuse, de rechercher, d'examiner s'il n'existerait pas une autre voie par laquelle ils pourraient, avec moins de difficultés, envoyer dans la haute Alsace leurs troupes disponibles, c'est-à-dire celles non employées sur les Alpes françaises ou à la défense des côtes.

Etant donnée la rapidité avec laquelle, dans les guerres futures, se concentreront les armées et se livreront les premières batailles, les Italiens, s'ils veulent arriver à temps, ne devront pas plus songer à s'emparer du Saint-Gothard qu'à exécuter des marches forcées à travers le Tyrol autrichien pour opérer leur jonction avec l'aile gauche des forces allemandes opérant sur les Vosges. Mais ils devront, pour agir avec célérité, chercher à utiliser les lignes ferrées qui, sans passer par la Suisse, mettent en communication l'Italie avec l'Allemagne.

Tout d'abord se présente la ligne qui, partant de Bologne ou Vérone, passe par Botzen, traverse le Brenner, se dirige sur Innsbruck et de là, tournant à l'ouest, traverse l'Arlberg, passe par Feldkirch, Lindau, Aubendorf, Schvacheureuth — ou Lindau, lac de Constance, Radolfzell — contourne le territoire suisse et conduit à Léopoldshöhe (Huningue) sur le Rhin, en face de la trouée de Belfort (1).

Cette ligne est tout entière sur le territoire autrichien ou allemand et a, par suite de la neutralité de la Suisse, son flanc gauche complètement à l'abri des entreprises de l'ennemi; ce qui ne serait pas le cas pour la ligne du Saint-

(1) Voir le croquis à la gauche.

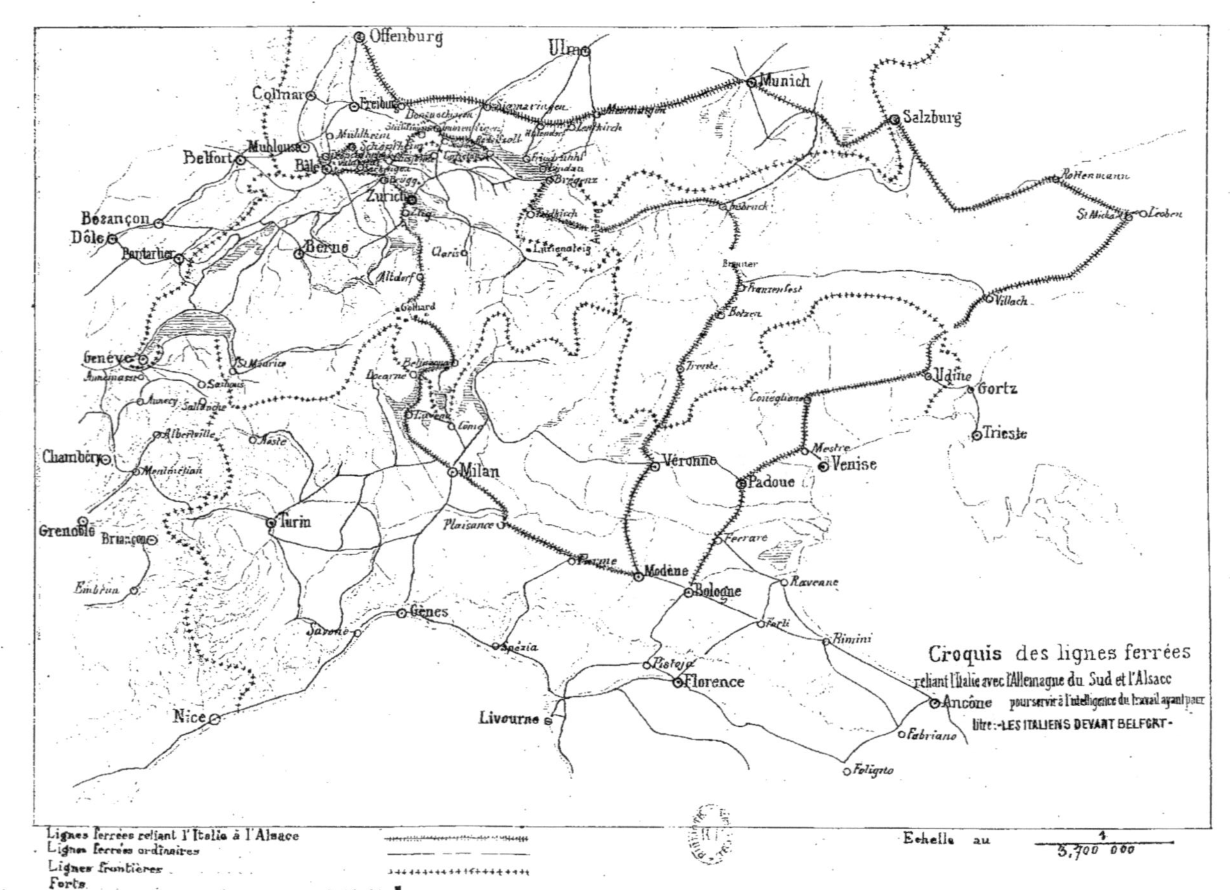
Croquis des lignes ferrées
reliant l'Italie avec l'Allemagne du Sud et l'Alsace
pour servir à l'intelligence du travail ayant pour titre: — LES ITALIENS DEVANT BELFORT —
Lignes ferrées reliant l'Italie à l'Alsace
Lignes ferrées ordinaires
Lignes frontières
Forts
Echelle au 1/3,700 000
Offenburg
Colmar
Freiburg
Ulm
Munich
Salzburg
Mulhouse
Belfort
Bâle
Zurich
Besançon
Dôle
Pontarlier
Berne
Genève
Chambéry
Grenoble
Briançon
Turin
Milan
Gênes
Nice
Livourne
Florence
Bologne
Modène
Vérone
Padoue
Venise
Udine
Gortz
Trieste
Ancône
Villach
Leoben
Rottenmann
Innsbruck
Botzen
Trente
Parme
Plaisance
Spezia
Pistoja
Ferrare
Ravenne
Forli
Rimini
Fabriano
Foligno
Mestre
Conegliano
Savone
Embrun
Montmélian
Albertville
Annecy
Aoste
Altdorf
Gothard
Glaris
Bregenz
Lindau
Friedrichshafen
Arlberg
Feldkirch
Luciensteig
Brenner
Franzensfest
St Michael
Locarno
Bellinzona
Côme
St Maurice

Gothard, que des partis français, venant de la Savoie et remontant la vallée du Rhône, pourraient sérieusement menacer.

Ainsi, l'emploi de la ligne — ou des lignes — Brenner-Arlberg-Lindau-Léopoldshöhe, accélérerait les opérations des Italiens, ne leur susciterait pas de nouveaux adversaires, leur éviterait de sanglants combats et ne les exposerait pas à des attaques de flanc de la part des Français, — toutes choses qui pourraient arriver, s'ils persistaient à vouloir violer la neutralité de la Suisse pour s'emparer de la ligne ferrée du Saint-Gothard.

D'ailleurs, l'attaque du rempart formé par les Alpes bernoises, d'Uri et de Glaris et les opérations militaires qui en seront la conséquence, à travers une région montagneuse de près de 170 kilomètres d'étendue, apparaissent toujours comme une tâche au-dessus des forces d'une armée italienne. Mais, en supposant même que les opérations des Italiens, en territoire suisse, pussent réussir, leur exécution n'en exigerait pas moins des semaines et même des mois; tandis que, en quelques jours, ils peuvent atteindre le même but en utilisant la ligne ferrée indiquée ci-dessus. Cette ligne leur permettra d'opérer, sans coup férir, leur jonction avec les corps d'armée wurtembergeois ou bavarois et, ensuite, soit de coopérer aux opérations de ces derniers, soit d'agir d'une façon indépendante dans la direction du sud-ouest — Besançon — pour menacer la gauche de l'armée française opérant sur la frontière italienne.

Si, en tenant compte du groupement actuel des puissances, on suppose que l'Autriche-Hongrie, en cas de guerre, aura besoin de toutes ses forces, pour faire face aux Russes, sur sa frontière Est, il lui serait possible de mettre à la disposition des Italiens, non seulement la ligne ferrée Brenner-Arlberg, mais encore la ligne plus à l'est partant de Bologne et passant par Padoue, Udine, Willach, Saint-Michel près Léoben, Salzburg, et qui, là, se joint aux lignes allemandes et conduit à Huningue ou Mulhouse en passant par Munich, Memmingen, Lentkirch, ou par Ulm, Offenbourg. Cependant, vu l'importance de la dernière partie de cette voie, pour le transport des renforts et réserves venant de l'Allemagne du sud et dirigés sur l'Alsace, on peut admettre que la ligne Brenner-Arlberg-Lindau-Léopoldshohe, sera la seule qui pourra être mise à la disposition de l'Italie. Il serait à souhaiter, dans ce but, que cette ligne possédât une double voie, du moins jusqu'à Lindau. De Lindau à Léopoldshöhe, à cause des lignes parallèles, la double voie est moins nécessaire.

Dans la prochaine guerre, l'Italie ne devra donc pas se borner, comme le préconisait dernièrement la *Gazette piémontaise*, à former quatre armées : l'une — 1er, 2e et 4e corps — défendant les Alpes; l'autre — 7e, 8e et 9e corps — défendant Rome et la côte ouest; la troisième — 10e, 11e et 12e corps — défendant la Sicile, les côtes sud et pouvant, éventuellement, exécuter une opération offensive (1) ; la quatrième — 3e, 5e et 6e corps — comme réserve générale dans l'Italie du nord. Mais il faut qu'elle prenne vigoureusement l'offensive — avec une ou deux armées — sur les Alpes françaises, avec Lyon pour objectif, qu'elle envoie une armée sur le Rhin par la voie indiquée plus haut et qu'elle n'emploie à la défense des côtes que ses milices et sa flotte aidée par la flotte autrichienne.

Les Italiens doivent être bien convaincus que ce n'est qu'en agissant vigoureusement dans le sud de la France qu'ils retiendront dans cette région une notable partie des forces françaises, forces qui ne pourront pas se porter sur la Meuse, où se livreront, sans doute, les combats décisifs.

Quelle que soit l'importance des forces que l'Italie emploiera à la défense des côtes, elle ne peut pas, vu leur étendue, espérer pouvoir les protéger partout efficacement ;

(1) En Tunisie probablement.

mieux vaut donc pour elle de n'y consacrer que peu de monde et d'envoyer vers la trouée de Belfort ses troupes disponibles, qui protégeront la gauche des forces allemandes et pourront aussi, en poussant une pointe vers le sud-ouest, dégager dans une certaine mesure les armées opérant sur les Alpes françaises.

Si, en se plaçant à ce point de vue, on examine la dislocation actuelle des troupes italiennes, on voit — étant données les lignes ferrées dont ils disposent — que les 5e, 7e, 10e et 11e corps seraient les plus propres à former l'armée destinée à opérer du côté de Belfort et dans le Jura.

Le 5e corps occupe la région située entre le Pô, le lac de Garde et la frontière autrichienne. Il dispose de la ligne ferrée Udine, Venise, Padoue, Vicence, qui s'embranche avec celle du Brenner à Vérone.

Le 7e corps, disloqué dans l'Apennin central, dispose de la ligne ferrée de la côte est, depuis Foggia jusqu'à Pésaro, ligne qui, en passant par Bologne, Ferrare, se relie aussi à celle du Brenner à Vérone.

Le 10e corps, presque en entier dans la Campanie, à l'aide du réseau secondaire dont il dispose, peut, pour se concentrer à Vérone, employer soit la ligne de la côte est, à Foggia ou Trémoli, soit, s'il est libre, le réseau central affecté aux 8e et 9e corps, en passant par Pistoja et Bologne.

Le 11e corps, réparti dans les provinces de Bari et de Catanzaro, peut ou utiliser aussi la ligne de la côte est, ou employer celle se dirigeant sur Vérone, en passant par Catanzaro, Potenza, Cazette, Rome et Pistoja.

Ainsi, si le grand état-major général italien, qui, en temps de guerre, disposera de 2,850,000 combattants — y compris les milices mobiles et territoriales — veut, pour coopérer plus énergiquement aux opérations de ses alliés, envoyer une armée dans la haute Alsace, et cela sans violer la neutralité de la Suisse, il devra utiliser la ligne ferrée Brenner-Alberg. Dans ce but, il y aurait lieu, pour l'Italie, de conclure, dès maintenant, avec l'Autriche-Hongrie, une convention réglant l'affectation de cette ligne pour le cas de guerre, à moins, toutefois, que le cas n'ait déjà été prévu dans le traité d'alliance.

IV

Conclusion.

Les conseils intéressés donnés à nos ennemis par l'auteur de l'article ci-dessus ne sont pas sans valeur. Il est certain qu'une armée italienne pourrait, par la voie Brenner-Arlberg, être transportée en quelques jours dans la haute Alsace, à condition cependant d'avoir à sa disposition un matériel roulant de chemin de fer suffisant.

Il reste à savoir si les Italiens ne préféreront pas quand même, sous prétexte de se joindre aux Allemands sur le Rhin, menacer les fortifications du Saint-Gothard pour pouvoir occuper le canton du Tessin, qu'ils considèrent, aussi bien que le Trentin, comme terre italienne (1).

Il y a lieu de se demander aussi si l'alliance de l'Autriche avec l'Italie est assez intime pour décider la première à mettre, en cas de guerre, à la disposition de la seconde ses lignes ferrées, surtout la ligne traversant le Trentin.

Lorsque les habitants du Vorarlberg et du Tyrol célébraient par des fêtes, en 1883, l'achèvement du tunnel de l'Arberg, ils ne se doutaient pas qu'il serait un jour question de mettre cette ligne à la disposition d'une armée étrangère, surtout d'une armée italienne!

Enfin, il faut espérer que les forces que nous opposerons aux Italiens agiront — quoi qu'en dise le nouveau Jomini —

(1) D'après un article paru récemment dans l'*Opinione*, journal de M. Crispi, il serait sérieusement question, en Italie, de mettre à profit les conseils de l'auteur de l'article ci-dessus, c'est-à-dire d'utiliser la ligne du Brenner, pour envoyer, en cas de guerre contre la France, un ou deux corps d'armée dans la haute Alsace.

de façon à leur enlever toute envie d'entreprendre le petit voyage circulaire que ce dernier leur propose.

Dans tous les cas, il n'est pas mauvais, il est même très utile pour nous, Français, de connaître les plans et projets de nos adversaires, pour ne pas être surpris par leur exécution et pouvoir, au besoin, les déjouer. C'est dans ce but que ce petit travail a été écrit.

Paris et Limoges. — Imprimerie militaire Henri CHARLES-LAVAUZELLE

www.ingramcontent.com/pod-product-compliance
Lightning Source LLC
LaVergne TN
LVHW010254230826
846091LV00007B/2967

* 9 7 8 2 0 1 1 7 7 0 0 5 9 *